*Para el Padre Castellanos,
con sincero afecto,
estos poemas que
le dirán mucho
mejor que yo mis
gustos.* Cristina
8/12/81

DONDE ESTOY NO HAY LUZ/
Y ESTA ENREJADO

El libro de Jorge Valls

JORGE VALLS ARANGO

DONDE ESTOY NO HAY LUZ/ Y ESTA ENREJADO

EL LIBRO DE JORGE VALLS

PROLOGO DE CARLOS ALBERTO MONTANER

BIBLIOTECA
CUBANA
CONTEMPORANEA

© EDITORIAL PLAYOR, 1981
Jorge Valls Arango, 1981
Depósito legal: M.-772-1981
I. S. B. N.: 84-359-0241-2

Diseño cubierta: José Luis Villegas

Ilustraciones: Felipe Jiménez

Biblioteca Cubana Contemporánea

EDITORIAL PLAYOR
Apartado 50.869. Madrid
Teléf. 429 51 25

Printed in Spain
Impreso en España
por GRÁFICAS RAMOS

INDICE

Págs.

JORGE VALLS:
PROLOGO PARA LOS VERSOS
DE UN DISIDENTE CUBANO

En Cuba siempre se nace o se muere a los pies o a la cabeza de las catástrofes políticas. El A. C. y el D. C. domésticos allí quieren decir Antes de la Crisis y Después de la Crisis, de cualquier crisis, porque los cubanos tienen, tenemos, un instinto especial para empeorar las cosas. Es sanguinariamente cómico que a la "terrible dictadura de Batista" —como le llamábamos los estudiantes de entonces— hoy se le llame "la pequeña". O sea, como era de rigor, Jorge Valls Arango nació en una Habana convulsa, tiroteada, hambrienta, el 2 de febrero de 1933, pocos meses antes de que cayera el Dictador Machado. De las cenizas de esa dictadura, en medio de fragorosos cánticos revolucionarios, levantó vuelo el pajarraco inmortal, el de siempre, de la represión violenta. Batista —salvo algún respingo provisional y fructuoso— manejó el país entre 1933 y 1944, regresando ocho años más tarde al poder, mediante un golpe militar, para verificar, a palo y tentetieso, el desdichado dictum macarturiano de que los generales no mueren, sino que sólo, lamentablemente, se desvanecen. Cuando Batista dio el segundo golpe, el de 1952, Jorge Valls Arango ya era todo un estudiante de Filosofía y Letras, poeta, dramaturgo, martiano, o sea, lírico y patriota, y fue —claro— de las primeras voces en denunciar la entrada de la caballería batistiana en el frágil y recién estrenado decorado democrático de los cubanos.

7

Valls habló y le pegaron. Gritó y le encarcelaron. Escribió, y por poco lo matan. Pocos meses después del cuartelazo, la Isla preparaba su temblor revolucionario y el epicentro —como siempre— pasaba por la Universidad de La Habana. Valls —tan joven— era el teórico, porque era el más inteligente. Entonces fundó, con otros jóvenes, el Directorio Revolucionario Estudiantil, grupo como el de Castro, que organizó guerrillas urbanas y rurales, que atacó cuarteles, que se lanzó sobre el palacio del dictador, que alzó jóvenes en las montañas, pero que a la hora del triunfo fue barrido y borrado del poder por la mayor astucia política de Castro. En medio de aquel vendaval antibatistiano, Valls, perseguido, se fue al exilio, y de él regresó poco después de la huída sin gloria de Batista, un primero de enero de 1959, fecha en que los cubanos estrenaron año y tiranía. Era extraño oír a Valls en aquellos meses ingénuos de la instauración del castrismo, en medio del júbilo general, desentonar con graves advertencias de aguafiestas. Valls presagiaba y temía lo que se nos venía encima. Su inteligencia y sus instrumentos de análisis eran mayores y mejores que los de casi todos. Su formación ideológica, sus infinitas lecturas, el conocimiento profundo de la sicología de Castro, le advertían que el país se encaminaba hacia otra clase de dictadura. Era la primera e insolente disidencia en medio de un coro sonso y bienintencionado de mozalbetes traspuestos por la musiquita de los himnos revolucionarios.

Valls, como los augures, leía en las entrañas de los sacrificados y temía el curso de la historia cubana. Su más evidente razonamiento era —ahora se ve claro— un axioma: el autócrata Castro, debido a su irreprimible temperamento fascista, inevitablemente conduciría el país hacia una forma de dictadura personal. Al cabo esa "forma de dictadura personal" terminó por encarnar en el marxismo prosoviético, probablemente porque la década de los sesenta no se prestaba para revivir a Mussolini. Valls denunció esto en 1959, mes tras mes. Y repitió la denuncia en el 60, en el 61, en el 62, en el 63, hasta que el cántaro, el 8 de mayo de 1964, se rompió, contra la fuente de la policía secreta, porque una tiranía totalitaria no puede permitirse el desafiante espectáculo de un hombre libre, sólo y desarmado, diciendo a viva voz su crispada opinión. Al fin, en la madrugada del día 8 de mayo de 1964 lo detuvieron, y poco después lo juzgaron en medio de una extraña farsa tan penosamente montada, tan evidentemente injusta, que ni el fiscal pudo probar conspiración alguna, ni el tribunal se atrevió a dictar sentencia oficialmente. "Se dice" que Jorge Valls Arango fue condenado a veinte años, pero muy bien pueden haber sido treinta o cinco o ninguno, porque jamás se le notificó el veredicto, y de esto hace casi veinte años. Si en el largo y vasto presidio político cubano ha habido un preso obviamente condenado por un delito de opinión, ese preso es Jorge Valls Arango.

LAS RAZONES DEL CRIMEN

Para quienes han conocido de cerca a Jorge Valls, el origen de esta arbitraria detención es evidente: el régimen le teme. El todopoderoso aparato policíaco del Estado le teme a un poeta de casi cincuenta años, desnutrido y medio muerto a fuerza de palizas y maltratos. Y le teme porque en Valls concurren todas las características del héroe que amedrenta a los comisarios: Valls es valiente hasta la temeridad, siempre está dispuesto al sacrificio, es un excelente orador y posee el magnetismo personal del líder nato. Es el hombre de la arenga, pero también es el hombre del documento razonado. Es el poeta emotivo y es el teórico implacablemente coherente. No hay en su biografía elemento que no sea entrega, altruismo, generosidad, patriotismo. En la cárcel —y él siempre ha estado en las de mayor rigor—, cuando los golpes de los carceleros o el hambre cruelmente administrada no dejaban a los prisioneros otra alternativa que la tristeza y el desaliento, ahí estaba la voz cálida del poeta Valls, como una especie de mágico alimento destinada a mantener en vilo el último y único refugio de los presos: la esperanza. Por eso no lo sueltan.

LAS CONSECUENCIAS DE ESTE LIBRO

Los poetas suelen decir que en cada verso se les va la vida. Que se desangran, verso a verso, porque la creación es siempre un acto doloroso. En Cuba ese ejercicio retórico ha perdido todo vestigio metafórico. Ahora ¡pobre Valls! cuando los comisarios vean este libro impreso lo sacarán de su inmunda celda y volve-

9

rán de nuevo a interrogarlo. *Probablemente el coronel Julio Tarrau dirigirá el interrogatorio y será él, quien, seguramente, le dará el primer puñetazo en la cara. El coronel Julio Tarrau ha ascendido hasta el Comité Central golpeando prisioneros en la cara. Dios lo perdone, porque sus víctimas no pueden. Después de la cruel iniciación lloverán las patadas y los insultos. ¿Por qué escribió esos poemas? ¿Por qué hay en ese libro poemas de amor si él no es más que la sombra de un guiñapo? ¿Dónde los escribió? ¿Con qué papel y con qué lápiz si a ellos se les niega lo uno y lo otro? ¿Cómo sacó de la cárcel el manuscrito? ¿Fue acaso su mujer, Cristina Cabeza, su heróica mujer, ex presa política ella también, apaleada ella también? ¿Es que no aprenden nunca estos poetas?*

Y Valls no dirá ni una sola palabra, porque Valls conoce muy bien ese maldito sabor salobre de la sangre y el silencio. Varios días más tarde, cuando se hayan convencido de que es inútil golpearlo más, escupirlo más, ofenderlo y humillarlo más, porque Valls estará dispuesto a morirse apretando sus secretos, lo devolverán a la celda convertido en un tumefacto saco de huesos machacados. Y entonces, lector, a usted y a mí, este libro que tenemos en las manos se nos volverá como un pedazo de muy querida carne, y a usted y a mí, conmovidos, lector, nos vendrán a la memoria los versos de Miguel Hernández:

Para vivir, con un pedazo basta,
en un rincón de carne cabe un hombre.

Porque yo me proponía, cuando comencé a escribir este prólogo, comentar un poco de la vida y un poco de la obra de este enorme poeta que es Jorge Valls, pero ahora, al concluirlo, me doy cuenta, lector, que lo más grande de este libro no son los magníficos poemas que contiene, sino el triste hecho de que su publicación acaso le cueste la vida a su autor. Por una vez la hermosa metáfora se ha vuelto una espantosa posibilidad. Y eso, lector, a usted y a mí nos parte el alma.

Carlos ALBERTO MONTANER

Madrid, invierno de 1980

10

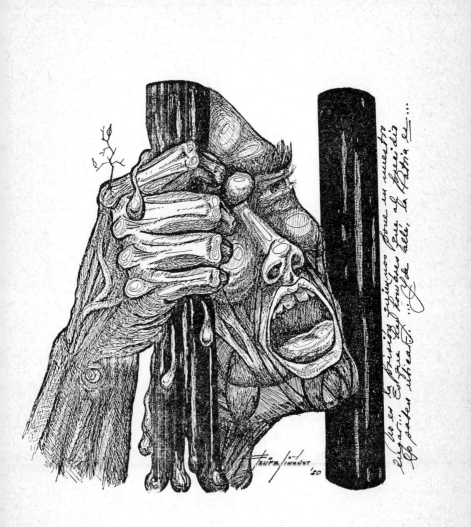

JORGE VALLS ARANGO

Eran horas de tragedias y de crimen. En La Habana,
los muchachos eran llamas de ideal y de ilusión.
Conocí por aquel tiempo, bajo el sol de la mañana,
digno joven que, gallardo, supo alzar aquel pendón.
Por su ausencia preguntaron: ¿Dónde está? Gemía un son:
—No se ha muerto, está en prisión.

Fue rodando por penales. Lo golpearon atrozmente.
Pero nunca apostataba por su hidalgo corazón.
En su encierro que, fluctuante, puso arrugas en su frente,
el martirio fue labrando un hogar sin luz. Varón
fue su temple como acero. ¿Dónde está? Gemía un son:
—No se ha muerto, está en prisión.

Vino el triunfo de su causa. Mas, después de la victoria,
un amigo fue acusado de una infamia sin perdón.
Y, creyéndolo inocente, difamado por la historia,
defendió en los tribunales a ese reo de traición.
Fue esposado nuevamente. ¿Dónde está? Gemía un son:
—No se ha muerto, está en prisión.

Sufre el pueblo y él lo sabe, pues le llegan sus lamentos.
Prisionera está la calle por la cruz de su balcón.
Tras las rejas de las palmas gritan lúgubres los vientos
y la Patria prisionera clama y llora en su jergón.
Libertad que yo soñara... ¿Dónde está? Gemía un son:
—No se ha muerto, está en prisión.

Los cabellos de aluminio por tan larga desventura,
lloviznando la tristeza de su amarga decepción,
por barrote carcelero Jesucristo de ternura
lleva invicto entre la sombra, claro y noble, aquel pendón.
¿Te veremos, buen amigo? Sabe Dios si gima el son:
—Ya se ha muerto, allá en prisión...

PURA DEL PRADO

Tráeme cuerdas de pájaros vertidos
en el granado manantial del salmo,
tráeme embrujados pálpitos plumados
con siempre-abiertas cuentas virginales.
Pájaros extraños
cuyos ojos de onix me traspasan
de tremendas dulcísimas punzadas,
pájaros leves de nevadas uñas
apenas del almendro levantadas,
pájaros cientos, fulgurantes, cálidos,
pobladores del aire
que atraviesan la piel de mis visiones
soplándome tus silbos,
exitándome
con tu silbo inmortal: el devaneo.

Junio, 1967

17

2

COMO BESTIA HERIDA
echada sobre el polvo
lamiendo la corteza de las piedras,
besándolas hasta que me duelan las encías,
empinándome el flanco
con las zarzas hurañas,
royendo tallos duros
y devorando insectos,
buscando un clavo agudo
para encajar el pecho.
Con los párpados hinchados de verterme,
confundido en olores de la tierra.
A perro sucio y matojo inútil,
musiqueado por toda tu palabra,
con tus dedos asiendo mis orejas
y alzándome la cara con los ojos clausurados,
sintiendo las impurezas de mi sangre,
ácidas e hirvientes,
que a tu querer no importan,
vestido por las pieles que tú traigas,
adorándote el regaño,
adorando el vapuleo,

adorando el zarandeo de tu mano,
desclavijado,
calcinado sobre las tierras blancas,
atravesado
como un cerro por mis pasos,
oyendo tu rugido de tormenta,
prendiéndome en los ojos la candela,
sintiéndome las llamas a la espalda
ay así, tan así, descoyuntado,
como tierra, como agua,
como aliento tan tuyo recobrado.

Junio 23, 1967

Yo decía esa palabra para crearla del aire
para extraerla de mi necesidad sangrienta.
Y temblaba de carne miserable
inútilmente torpe para el lirio
un susurro de cuento me alumbraba
por las orejas la región del pálpito
y apretaba en mis mandíbulas
un sonido inefable de dulzuras extrañas
no fueron ni mis tuétanos,
ni mi simple saliva,
ni mi cabeza por cien redes enmallada,
ni esa sierpe de estiércol que me escupe
flemas infectas en los ojos,
sino lo que es
tan antes de explicarse,
y en ello va el perdón
de todo lo que soy irremediable.

Julio 16, 1967

Vengo de la plaza de las estrellas caídas
a donde miran las casas de los muertos.
Lunas rotas espejean en sus losas,
y banderas de trapo
citan a ferias sin tiendas.
Cruzo sin tocar los bordes,
su amplio parche de sombras,
ahuecando con palabras
mi largo desollado cántico.
Arriba están zumbando los cocuyos
en mutilados rumbos y empañados.
Las últimas gotas caen
hueso a hueso por mi espalda.
Una sed envilecida abre mis ojos
desmesuradamente ante los rostros.
Y emprendo dócilmente
el regreso de ninguna parte.

(Ay mis últimas entrañas,
mis músculos, mis linfas,
la ansiedad despiadada de mis uñas.

Ay los labios de cuarzo
y los dientes de arcilla,
y el imán en el centro de mi cráneo.)

Julio 16, 1967

FE DE ERRATAS del libro de Jorge Valls:
Donde estoy no hay luz y está enrejado

Pág.

23	luna × lunas
28	sométeme está repetido
31	globos × lobos; juniada × juntada
34	clavarse × elevarse (la segunda vez)
43	dulzón × dulzor; bajo el cirio × bajo un cirio
45	el final del poema está en la pág. 26
48	agüisluna × aguisluna
51	Pura × Dura
53	falta un verso entre "Abajo me voy hundiendo" y "Madre qué hace la gente": arriba me están llamando
64	querías × querrás; de × desde
65	falta un verso entre "en medio de tanta ventolera" y "que no usara maquillaje": Que el viento no arrastrara, sin alterarla nunca.
65	mayúscula × minúscula en la estrofa 15
66	frente × junto; minúscula × mayúscula en la estrofa 9
67	restregaban × estregaban
68	falta un verso entre "oídlo arcángeles del aire" y "Tengo veinte años": oídlo y hacedlo oír a quien no desdiga
68	asaeteadas × asaetadas
69	mis × las (primer verso)
71	piedras × piernas; seguir × segur (último verso)
76	aguardientes × aguardiente
79	con × por (séptimo verso)
87	lleve × llene (al final)
88	piel × miel
89	cayó × oyó (verso 16)
90	espera × estepa
95	desriscadero × derriscadero
107	sombra × sobras
108	hojitas × monjitas; inflamaban × inflaban
109	no los quiero × y los quiero
111	roetro × torso
115	corralito × collaritos; vaciando × viciando
123	lechuzas × lechugas
124	y × o (verso 19)

MAR

Niño mío asesinado.
Niño mío triturado.
Verde sueño de aceituna,
flor de río acribillada.
En la cruz de los caminos
entre la piedra y el leño,
la mostaza de tu aliento
y el fulgor de tus jilgueros.
Que azabache en madrugada
de tantas estrellas brasa;
que dos brazos de cereal
volando como dos alas.
y luna verdes untadas
como el agua y las violetas
en las piedras del arroyo.
Era blanco el corazón
de mirlo, de pan y loto.
Ay, que hierro puntiagudo
perforándote sin tregua
bajo las cruces del cielo
en vértice de lo negro.
Era de luna y torcaza;

es de selvas y de ocasos,
de soles de luz y sangre,
de albos luceros intactos.
¡Ay! mi niño asesinado
en el umbral de la aurora,
por las causas de tu tribu
y el secreto de los santos.
¡Ay, mordido! ¡Ay, desguazado!
robado a los caminantes.
Clavado para sangrar
bautizando el mismo paso.
Ya. No se acaban los gritos.
En tus aguas de amatista
va tu lirio sumergido.

Mayo 28, 1969

Monte espeso de mi cráneo,
río oscuro de mis venas;
en el azul de mi sangre
medusas de hiel navegan.

—QUE YA NO TENGO DINERO
y se hace tarde en la casa.
—Viejo, vámonos al mar,
que con gargantas de espuma
me están llamando los peces.
Viejo, vamos a montar
un cañón de bronce espeso.
—Mira niño, las bengalas,
las pajaritas de pluma verde,
las banderas amarillas...
(¡Y tus ojitos despiertos!)
—Viejo, un globo, los globos...! !
(Gira gira el carrusel
un cielo de potros tiesos...).

Junio, 1969

26

Que acompasadas luces, alma mía;
como besos de santos centellean
y se encienden y vibran y titilan
en la fosca y horrísona negrura.
Que adivinadas gotas de ambrosía
ojos líquidos, dulces, de zorzales
en bosque de hojas negras,
negras fauces y atmósferas cegadas.
Desde los parpadeantes faros móviles
sutilísimas hebras se descuelgan,
y la sombra de sombras, aventada
siente el sarmiento traducir la vida.

Junio, 1969

27

Quémame.
Cauterízame las cuencas de los ojos
con tizones humeantes.
Tuérceme las puntas de los nervios,
y túndelos con mazas de hierro,
para que no salten,
para que no griten.
Fuérzame, subyúgame, sométeme, sométeme.
Húndeme el hocico rabioso
en los charcos de orine,
y atenázame el cuello hasta que gima.
Exprímeme los sesos y los hígados
hasta que lloren,
hasta que fluyan desesperados, desleídos,
ya por siempre vencidos,
última rebeldía derrotada.
Quiébrame los póstumos colmillos.
Muéleme las garras.
Licuifícame el polvo.
¡Ay! que con carbones adelanto,
y me raspo con garfios de silex.
Cuando ya no queden brujas en mi noche

ni escorpiones furiosos en mi vientre,
ni pirañas de azufre en mis miradas.
Cuando ya no sea nada,
ni siquiera el estiércol,
ni un hollín retiznado,
soplarás con tu aliento y volveré a ser aire,
mirarás en mis aguas
y seré un naranjo firme inmaculado
en tus regios crepúsculos.

Junio, 1969

¿POR QUÉ EN TAN NEGROS POZOS ME HAS DEJADO?
Me mordieron las víboras.
Desgarraron mi carne y escupieron,
y me untaron la boca de detritus,
y con agrios hediondos me entregaron.
Sentí la risa de las serpientes
escarneciéndome, el desprecio
de los más inmundos.
Tuve asco de mí, cien veces me golpearon
las piedras de las tumbas;
cien veces me cubrieron
petróleos encendidos.
No tuvieron mis ojos filtros de pecado
ni brincara en mis tuétanos
ácido de maleficios.
Me dejaste flaquear: la pierna frágil
se torció como junco, y la garganta
se abrió en vagidos por las fauces,
e hice lo que no quería.
No hubo pellejo de buitres
para cubrir mis desnudeces,
y toda la vergüenza del verme,

entre lunas ocultas, se vertió en la noche.
Enlodado, aceitoso, estercolado;
ojos sin lloro impuros, fenecidos,
compradores de muerte, vientre inflado,
desvergonzado labio abierto en la plegaria.
Mientras los globos presos se babeaban
con las quijadas fieras entreabiertas.
¿Quién recogerá mis miembros corrompidos?
¿Quién abrirá mi cofre de gusanos
y tomará mis humores viscosos?
¿Quién purificará mis ojos de miradas
y mis manos de torvas crispaciones?
¿Quién lavará la ingle despiadada,
y hará pasar los ríos
por las cenizas humeantes?
¿Quién hará revivir el leño seco?
Agua, cúbreme; agua, vuélcame; agua, lávame,
agua, encuéntrame; agua, ponme en emergida.
Agua-sangre, agua-sangre, agua juniada.

Junio, 1969

¡CÓMO DEBÍA QUERERTE!
(Aún no sé si debiera.)
Como un perro he comido de tus manos,
me he servido de ti.
Has tejido mi honra y mi calceta,
recogido mi escoria y mi ceniza,
rumiado mis raíces
y pintado de azules
los meandros del viento.
Has colmado mis ojos y mis labios,
y mi alforja de trigo y de membrillos.
Hasta música adusta has intentado.
Yo pasé por tus llagas y tus lloros,
por tus resecos puertos y arenales,
y pisaba con piedras tus encarnaduras.
Yo quisiera...
Y acaso, también debiera...
Una muerte debió de arrebatarme,
una vergüenza última de hombría,
una prudente generosidad ignota.
Es todo inútil.
Yo no soy sino alambre encardenado,

soy azufre o estrella,
escorpión o humo incienso;
todo menos caballo;
ni puma, ni cedral ni fruta tersa.
Soy la ceniza de las pavesas,
mejor de humo, eso sí de humo,
del humo que te quema y que te asfixia,
y te nubla de hollín.
Déjame retorcerme en los incendios ciegos,
desgarrarme y hundirme;
subir muriendo;
desvanecerme, desvanecerme.

Junio, 1969

LOS MÁS DUROS GRABADOS.
La cal más abrasada.
Los adoquines tórridos.
Ese arroyo que serpea la calle.
Las horquetas de acero.
Los alambres pelados
donde mueren los pájaros del canto
y se yerguen las cruces del granito,
para clavarse,
para clavarse,
para romperse.
Una paloma de estrellas
con su corona de cuarzo,
un rebaño de borregos níveos
trotando monte arriba, tierra abajo,
y un colmenar de cielo transparente.
Partido, desgajado, succionado;
buscándome en el tálamo leñoso
allí,
sin mí,
crucificado.

Junio, 1969

GUÍAME, AMOR, POR EL SINIESTRO PASO
en que entré sin saber ni apercibido
en tierras del amor desconocido
más en sombra que pozos del ocaso,
más en riesgo de muerte y de fracaso,
más en antro de sierpes confundido,
más en filtro infernal comprometido,
más licor ponzoñoso en leve vaso.
Tú sabrás, luz, arderme los carbones,
fuego, hacerme de nieve traslavada,
hiel, brindarme sabor de remisiones,
una taza en la entraña dedicada
a recoger la flor de promisiones
por tu mano fue puesta y es guardada.

Junio 12, 1969

35

CÓMO VENGO DE ESTIÉRCOL Y HUMAREDA
untado hasta en las grietas de mi carne,
cómo pesa este fardo de avisperos
sobre el terco riñón que me comparte.
Cómo en cerros caídos en mi frente
y en collados que acaban de embrujarme,
y en adelfas de roña,
y hasta en zarzales que retoñan aspides.
Qué clamor de guadaña,
qué ojo seco pidiendo a gritos lágrima,
qué jadeo abismal desesperado
agonizando por un pez de nardos,
qué estertor de alquitranes ebullentes
hay en el vientre opaco de la noche
cuando viene a vivir
la concepción del astro.

Junio 12, 1969

CON QUÉ GRILLOS CAUTIVOS EN MADERAS
o qué mirlos al golpe conmovidos,
bajo qué selvas hondas, soles graves
o en oros de turquesa espolvoreados
entre cuerdas de nervios arrancados,
o en qué campo de sangre remezclada
con tierra de juncales maldecidos,
o en qué voz de la niebla
o luciérnaga ansiosa
o despiadado grito de sinsontes
y encarminadas rosas, arrebolados nácares
desde las fuentes níveas de tus manos,
es que yo estoy, si nada he sido;
si lleno estoy de muerte sin medida,
de muerte en embrión aún no nacido,
de muerte por el labio y por la espina,
y bajo este cráneo horrísono y metálico
—clamador a los picos y a las manos—
a veces tanta muerte desolada,
nave en sombra, vacía, despoblada.
¡Ay!, que con el re-ay y el ay torcido
y el asfixiado y múltiple ay del callado.

¡Ay!, que traigo el ay decapitado,
en perforantes voces de maderas,
en los joropos blancos y frenéticos.
Y en penetradas quenas de quejidos,
y en selvas al crepúsculo incendiadas
gimen los cánticos de los bogadores,
y en el pozo en la plata abrocalado
echada está mi alondra al remolino.
Bajó la sombra tenaz; hembra en la noche
a absorberme la nuca
se desliza ofidiana.

Junio, 1969

COMO TE AMARA, NIÑO DE LA NOCHE,
gotear de aclavelada granadina
en los besos de junio
y en los sorbos de almíbar.
Esta noche amaría todas las cosas
sin siquiera tocarlas,
sin osar la caricia
por no irritar de polvo las membranas,
sin posarles la vista,
tan sólo con saberlas,
sintiéndolas tan mínimas y armadas
como la ropa de un niño,
sin querer ni pensarlas,
todas vistas en ti a sutil distancia.

Junio, 1969

AMARGO, AMARGO, AMARGO, AMARGO,
gota de aciago amargo,
grano de nuez amarga,
jugo de tallo amargo,
punta de clavo amargo,
dardo de hiel amarga
en filos de estrella amarga.
Amargo, amargo, amargo, amargo;
esponja tuya sobre tu labio.

Dulce, dulce, dulce,
punta de tu clavo.
Clavo, clavo, clavo,
híncame en el costado.

Sh.
El ruiseñor resuena.
La noche de estampidos y bocinas,
la percutida noche de las mazas,
fue cediendo;
el agua la fue arrastrando.
Las carnes abrasadas
se chorrearon de limpios aguaceros.
En los lechos inhóspitos
una gacela herida se desangra.
En noche —persistencia—
el ruiseñor perfora.

EL TERSO VIENTRE DEL AGUA
bufa su ira recóndita,
furiosa ballena exhala
borbotón de cal quemante.
Y en frasco transparente
agrio y dulzón van cautivos,
mientras bajo el cirio extraño
insomnes ojos se mueven,
siento que me voy. Me hundo.
Canta una sirena opaca.
El agua tras de la piedra
el ojo largo amarillo
corre su circunferencia
vengo al morir cada día
¿quién sabe he de despertarme!

Junio, 1969

Tan, tin tan tan... tin tan...
(¡Qué ingenua lata de organillo!)
— ¡Mira, hijo, qué faroles!
¡Y esos globos tan grandes! —paf—
¡Se reventó el azul que era el más bello! —
Y el algodón de azúcar rosa
como pluma de flamenco,
las amarillas mariquitas de plátano,
y los caballos majos, pelirrojos, del tío-vivo,
con sus monturas de esmalte
y duras crines de palo, navegando
valses de ensueño con el sube-y-baja.
La estrella gigante gira,
gira que gira un mundo de bombillos
Y los conejos asustadizos
que se meten en la caja del siete
y viene un premio de copas y floreros
si cinco pelotas caben
en cinco agujeros mágicos,
los brujos del celofán
traerán palomas de azúcar.
—Yo quiero un bote gallardo,

cisne de lagos pintados,
para ir oscilando al reino
de los elfos y las dalias.
Yo quiero, viejo, yo quiero
un pollito de papel,
una veleta dorada...
  ¡Y un ratón de los que andan!
—Se va a tirar al espacio
la dama del manto verde
con una trusa de escamas
y una diadema de perlas.
—No quiero irme, no quiero.
Déjame un rato. ¿No ves
las chispas del carro loco
y el pavo real que se ha abierto?

QUEMATE MONTE EN BRASAS ESCONDIDAS

Golpea el rostro
por la dura pedrada del silencio,
seco de piso a ras de mediodía,
desollado, por la fiebre,
con los últimos temblores
deshaciéndome el vientre
con los ojos abiertos hasta la punzada
y las venas tundidas por la sangre
estiradas como bandas de goma.
Yo, que ya no soy;
ni ya me importa,
(que no es justo tenerse tal cuidado
cuando hay quien sin saberlo está clamando),
por un vuelo dual arrebatado
de sombra y luz
en única raíz así trenzado.
De pronto en nada;
estéril hasta para el verso,
esperando por ti,
ay, esperando.

Junio 30, 1969

UN PEDACITO DE PAN DULCE
y una mirada de amapola.
Tan solo eso, y qué contento.
Tan solo tú que sabes lo comprendes.

Julio, 1969

Ay, MADRE, AGUA SALADA Y CARACOLES
(el agua fuerte dueña de mis manos
y el arrecife recio y engreñado).
Ay, qué sabor de orilla,
qué presagio de costa y de cayuelo.
Y tus luces...
toda tú eres de luz
un joyel de luceros y candiles
amarilla del oro y de la yema,
de pulpa de dulzona calabaza.
Madre miel, madre globos de naranja,
madre rosas enjuagadas
en aguales del oro.
Sal en mi lengua, madre, de la espuma
que entra y sale en mi cuenco de piedra.
Los pequeños crustáceos te saludan
sedientos de agüisluna,
y yo empiezo a atisbar la contentura
en la pura sombra de mi ceguera,
no veo nada, mi madre, y en mi labio
el sabor de tus aguas,
y en mi almena
el olor de tu orilla codiciada.

Julio 15, 1969

Qué bueno, hijo, que has venido,
cuando te vi en el umbral de la gruta
fue como oír una música intensa.
Voy a botar mi cama vieja,
y buscaremos dos lechos nuevos, resistentes,
para que los sueños nos nazcan parejos.
Qué bueno es ver de nuevo tu sonrisa
y oír tu voz en el desplante, diáfana.
La gruta oscura es casi hermosa,
¡y afuera hace tanto sol!

1969

Si le pidieran al agua
permiso para dolerle...
Dale a comer al alma
trozos de jacinto y azafranes.
Dale pedazos blancos
de cielo matinal divinizado
oh, dóblame la rama al peso
tierno del aire
para que moje mis frutas
en el impávido ópalo del lago.
Por grietas silenciosas
sudaré mi resina de olores.
Oh, me voy a quebrar
como una nuez de luna,
como la leve cáscara del huevo
aceitaré los secos pedregales
recarneando calaveras
las pitahayas se alzarán transfiguradas
en alondras bermejas de la aurora.

Agosto, 1969

PURA ES LA NOCHE
en pinzas de azabache.
Oye cómo crepitan
las hormigas gigantes.
Se han quemado las últimas estrellas.
La mandarria golpea
los cantos, que se quiebran como cocos.
Es de goma la noche,
de oscuro miedo enmascarado,
de obsesionantes fichas.
Un pus de muerte
suelta palpitaciones.
Si te clavas, adarga de brillante,
hasta el ombligo mismo,
qué río de agua roja
brotaría sin borde, interminable.

Agosto, 1969

¿Madre, qué hacen las gentes
entre el acero y la piedra?
Van pasando los ciclones
siempre sobre sus cabezas
mientras el tiempo enmohece
dando vueltas, dando vueltas.
Ya no sé cuantos ciclones
aullaron junto a mi oreja,
ni por qué hueco del techo
entró ululando la muerte.
(La muerte que se acostaba
sin dormirse en el camastro
como una loba taimada
de diente afilado y recto.)
Me escupían en el rostro
las lloviznas del invierno
sin un cristal que cubriera
mi despojada indigencia.
Donde se empinan los árboles
las gentes están pasando,
mientras camina un insecto
sobre mi reloj difunto.

De la puerta a la ventana
de la ventana a la puerta
perforada de silencios
se va arrastrando mi lengua.
Los lados están prohibidos;
Ya sólo queda lo alto.
Abajo me voy hundiendo
¿Madre, qué hace la gente
entre la grieta y el muro?
Mientras, las grandes ojeras
baten contra el viento crudo.

Agosto, 1969

HEBRA, CANCIÓN Y LUCERO
de mi corazón descalzo
ocho alondras me reclaman
desde el ventanal del austro.

Silbando voy en el silbo
caballos y cintas viajan.
Los azules se desprenden
de las gargantas del aire.

La mariposa del día,
hincando globos de nieve,
entra violenta en la sombra
cautiva de los laureles.

Ay, rabal ya no te mueras
que se acabaron las lágrimas
y ya no quedan pañuelos
ni alones de tela blanca.

¿Quién se acordará de mí?
¿Cuándo me vendrá a buscar?

déjame apoyar el hombro
sobre la piedra del mar.

Agosto, 1969

EN EL ESTANQUE CAUTIVO
de algún cristal azogado
busqué con ojo asustado
el rostro con el que vivo.
Lo vi de golpe, furtivo
como un compañero ausente.
Seguí mi paso demente
sabiendo lo que sabía:
se estaba muriendo el día
sobre mi gastada frente.

Octubre, 1969

ANTE TI, POR TI, A TI

Opalo, ópalo, ópalo
opalina piedra y mar,
cinturita de palmera,
bata de encaje y opal.

He descubierto que mi ciudad es un ópalo,
un ópalo dulce y sandunguero
como el talle de una muchacha
como un anca redonda y almibarada de una fruta,
un ópalo velloso como piel de mozuela,
un claro ópalo al sol transparentado.

Mi ciudad es una rosa
una rosa de coral.
Mi ciudad es una boca,
rosa que quiero besar.

Asómate a la ventana
de tus cien ojos lamedores de espuma.
Baila como una llama
sobre tus cúpulas de oro y luna.
Y venga el repicar de tus zapatos

sobre las tejas rojas de tu azotea.
En la hora blanca
cuando bien te quiero.

Si te buscas una flauta,
una clave y un violín,
el danzón se irá colando
café negro en un jazmín.

Por qué lomos rugientes de delfines
un mantillal de espumas se revienta,
y un cosmos de salitre se dispersa
a profanar espejos escondidos.
«Mi abuela subía despacio,
porque estaba ya vieja, la escalera,
y en el tallo azabache de su brazo
tintineaban de amor siete pulseras.»
«Yo tuve un sol de vidrio
que era adarga clavada desde el cielo,
y una virgen gaviota que venía
a comerciarme verso por consuelo.»

Ay castillo, castillito
ay castillito cascarón
donde sangra, canta y pare,
flor de anís, mi corazón.

ANTE LA HABANA

Mi ciudad es un ópalo maduro.
Se parece a mi madre cuando altiva
alza el busto y el párpado desciende.
Se parece a una espiga de azucenas
que con torres de aroma clama al cielo.

(Por entre las adelfas corría un chiquillo:
—¿Qué son, madre, esas cosas en el aire?
—Ángeles, hijo, son; vienen bajando.)

Quítate el zapato, que estás en tierra buena.
Quítate el zapato, la niña está dormida.
Quítate el zapato, que quiero darte un beso
allí donde te besa la tierra que suspira.

Naranja dulce, mango mangüé,
mangüé.
Los caramelos y las cariocas,
y las pelotas de papel,
papel.

¡Ay! ¿Dónde estará mi sangre?

(mi sangre sabe a limón y miel).
¡Ay!, ¿dónde estará mi sangre?
¿Dónde estará?

Que yo lo sé; que yo lo sé.
Que tú lo sabes
que yo lo sé.

Octubre 22, 1969

DE PRONTO: — ¡MIRA!
como un ojo enorme,
llora que llora,
la lluvia oblícua
por el hueco del fondo.
Como un alma en pena
que gime y gime
y no le sale el gemido.
(Miedo entre la sombra y el ahogo.)
Un verdoso pendón de veneno
y unas piernas negras
en el espacio combo.
Yo quisiera irme
pero no es posible.
Salí a buscar un espejo
y vi una llama encenderse,
como de vela en altar,
aun más desesperadamente.
Luego, era un polvillo de agua fina
tras la fulgurante rigidez del hierro.

Octubre 27, 1969

Lobo blanco, lobo alado,
gran lobo del espacio,
yo quiero irme con el agua
a los cristales donde no puse el ojo,
a todo lo que no hice,
al salitre golpeándome
el cuello y la solapa,
mientras las gargantas profundas
me rugen con su voz oscura.
Quiero ser lo que no he sido:
hermano del velamen y el pelícano
de las noches brumosas
y de las bocinas.

He aquí el fuego,
el fuego y la consumación del bosque.
He aquí el barco,
la sirena broncínea
saludando las torres.
He aquí las arañas purísimas
transhilvanando los mástiles.

Tierra, yo quiero una flor roja
como un tajo de amor o una mordida.
Soy tan fugaz como esa garza
de la copa del almácigo.
Rumbo, rumbo, rumbo, mar amplísima.
Gran pájaro del éter,
Aullo, vuelo, alumbro,
paso.

Noviembre, 1969

Niño, ¿dónde tú estás?
mis ojos están enfermos de sombra
y andan mendigos de tu imagen.
Tú, pequeñito, extranjero a mis besos...
¿qué querrías tú tomar de mí?
Este perfume de clavel extraño
te lo estoy destilando poco a poco.
Es un jugo de sol
en el hondo crepúsculo del misterio.
Quiero legártelo.
Hijo, ¿conocerás a tu hermano si te lo presento?
Hijo, un poco de tu voz
moldeada en canto,
y el resplandor de tu mirada.
(En las tierras de mi casa
crecen los tulipanes.)

Noviembre 1, 1969

C E I B A

Algo tendría que haber,
en medio de tanta ventolera,
que no usara maquillaje,
que no fuera a la televisión,
algo recio y macizo,
noble y manso, tenaz, de si vestido.
Una ceiba, quizás,
donde pudiera un orisha colérico
refugiarse y beber leche de tregua,
y un orisha profundo
morar sin miedo a las profanaciones.
Algo tendría que haber
que dijera la antigua palabra
Sin alterarla nunca,
serenamente, como que es cosa cierta.
Algo debiera haber...
No sé... Yo creo que exista.

Noviembre 1, 1969

5

AQUÍ,... ALLÁ,...
en cualquier parte es lo mismo:
un muro frente a las narices,
un soldado frente al muro
y una cazuela que se revuelve.
«Nuestro siglo...» (será el tuyo).
«la revolución social...» (ventrecha).
«Demostremos de lo que somos capaces...» (Humo).
libros, libros, libros,
por cientos en los anaqueles.
(Lo peor es que son leídos.)
Jazmín, ¿jazmín?, ¡oh, jazmín!
Verdaderamente lorquiano. (¡Puah!)
Están exhibiendo un cristo jorobeteado,
¡sencillamente original!
¿Y usted, qué hace parado en esta esquina?
—Una caridad, por el amor de Dios.

Noviembre 1, 1969

ESCENA DE UN JOVEN A QUIEN VAN A MATAR

—Dime pronto tu crimen
para inscribirte en la lista de los mutilados.
—Tengo veinte años.
—Ya todos los pecados viejos se han gastado;
en verdad que tienes el nuevo pecado.
—Tengo veinte años.
He bailado por cobres y por motores.
He sido con mi sangre
el eco de todas las palabras.
Brinqué entre los fustazos;
salté en las metralletas;
grité por las calzadas,
y me vestí con una piel de mico
que puso la moda en los escaparates.
Me estaba desangrando.
Me salía la angustia del gaznate
como una lombriz sin cola interminable.
Con mis ojos buscaba los panales silvestres,
y me restregaban con emulsión de muertos.
Supliqué amor,
y me echaron una lasca de carne en la cara.
Y todos hablaban por todas partes.

El piso, las paredes, aun los techos
estaban llenos de escupitajos ácidos.
—Nadie te ha preguntado tu descargo.
Bien podías haber obedecido.
—Me golpeaba la aorta,
una médula espesa y afiebrada.
Quería huir no sabía ni a dónde.
El cielo era un snob de propagandas;
la tierra era un fangal ensangrentado;
el aire… bióxido de carbono.
No dejaron más que un hueco abierto.
Un reloj reventado.
Un puñal imantado,…
y un poco de meprobamato.
—Es horrible. Con lo que hemos hecho por él.
Tiene todos los rasgos…;
es un caso perdido.
—Oídlo, oídlo, todos los sordos del mundo;
oídlo todas las piedras y los árboles del bosque;
oídlo, arcángeles del aire.
Tengo veinte años.
Tengo veinte triturables años,
Veinte palomas asaeteadas en el pecho.
veinte, ¡Ay! Veinte años.
—Incorregible—.
Hay que fusilarlo.

Noviembre 1, 1969

(Lo fusilaron el 30 de octubre de 1969)

TRAIGO UNA BANDERA BLANCA EN MIS MANOS.
¿A quién le importa una bandera blanca?
Está hecha de un retazo
de una bata de mi madre
y de un culero de mi hijo.
No tiene de mi camisa,
porque esa la perdí en el viaje.
No me pidas el tobillo a cambio
de un puñado de azúcar que se agria.
Ni me pidas que trague un pan difícil
manchado con el pulmón de un cordero.
Ya sé que es casi inútil.
¿Qué voy a hacer?
Me gusta la espuma tibia
y la crin de las yeguas desbocadas.

Noviembre, 1969

—Centinela, desde la espina de la muralla,
dime ¿qué ves?
—El frío cruza picándome las orejas,
pero yo no le veo la cara.
A mi espalda está penando
un hurtado ropaje de niebla.
—Con tus agudos ojos
estás mirando la mar;
dime si vienen buques amargos.
—Nada. (Ya ni cantan las ranas.)
—¿Es que allá viene una mujer de humo?
—Es una grulla negra que anda errante.
— ¡Dispara, centinela!
¡Avisa que ha aparecido el fuego!
—Hay sangre en el labio de la madrugada.
—Centinela, mira otra vez. ¿No vienen?
—Una tela larga de gritos
huye más allá del puente.
—Centinela, ¿tú rezas?
—Hazlo por mí tú que velas.
—Centinela, si te dijera que te quiero...
—(¿ ¡.............! ?)
—Centinelaa..., centinelaa...

Noviembre, 1969

CUANDO ME PARABA EN MI PIEDRA,
amenazaba al tiempo.
Ahora no tengo piedra;
la sed se bebe el tiempo.
Baja la cortina, amada,
No sea que la luz se escape.
(Tengo la carne morada
de tanto invierno.
Pero es mejor
que agarrarse a las manos del aire,
que trenzarse a las piedras de un río,
que chupar de los pezones del polvo.)
Dicen que tras de la noche
siempre está viviendo el sol.
Quién sabe si está velando
por la orfandad del frijol.
Abre el agujero, piedra,
no sea que se canse el viento.
Déjalo que clave el diente;
seguir de invierno.

Noviembre 15, 1969

¿PERO NADA MÁS SON LAS NUEVE...?
        ...«too late to live
        too early to die...»
hubiera sido mejor no haber pasado.
(La calle era muy larga
y abovedada de árboles.)
Yo iba solo; es decir, sin gente,
conversando mis cosas desoladas.

La malicia del hombre saltó al camino,
y le hablé en otra lengua para ahuyentarla.
Los cuervos se reían en sus turrículas.
Yo tenía vergüenza de no estar muerto.

Me detenía a recoger las carolinas
y me estiraba hasta los no-me-olvides.
Fue junto a la verja cubierta de flores.
Era loma arriba, sol bajando;
apenas un ojito recién despierto.
La lengua pronunció palabra amarga:
ojalá no haber nacido.
La avispa zumbó junto a la piel del niño.

Del pino iban cayendo
sus cien agujas negras.
Seguí trepando por la cuesta.

«A la rueda
de la flor abierta...»,
cantaba la mosca
sobre el ave muerta.

Ya entonces estábamos regresando.

Noviembre 15, 1969

—¿QUÉ HACES AQUÍ? NO TE HAN LLAMADO.
—Alguien me trajo. Nada más me trajo.
—Pero no te das cuenta que es absurdo.
No es tu casa, ni el vaso ni la silla;
ni la lengua que hablas es la misma.
Comprende que es mejor no estar presente.
—Alguien me trajo, nada más me trajo.
—A ver, ponte, uno más, entre las piedras.
Pero párate firme; como un hombre.
¿No sabes hacer más que estar llorando?
Cúbrete al menos, ¿no te da vergüenza?

      «Somos las algas y las medusas.
      Quisiéramos que fueras como el mangle
      lleno de jugos rojos, con raíces
      engarfiadas, tenaces y calientes
      resbalamos sobre el esmalte de tus tallos.
      Tu miras nuestros cuajos murmurando
      ese cantar absurdo y doloroso.»
             ¿ ?

—¿Pero hasta cuándo vas a estar aquí?
—Alguien me trajo. Nada más me trajo.

Noviembre 15, 1969

PARA BAJAR AL DUENDE

*Nota: El Duende baja cuando él quiere
no cuando uno lo llama.*

Por una torre de niebla
puedes venir bajando,
por una torre que tiembla
baja despacio.

Por la hoguera en el corazón del vino,
por el beso en el corazón del fuego,
por la hincada en el corazón del labio,
por el cielo en el corazón de la espina.

Baja hasta el nácar,
hasta el carey,
hasta el resuello,
y hasta la rueca
que hila la fiebre.

Brasas de candela y buches de aguardientes,
dedos de la anémona y palos del relente:
que hagan una sola voz crepitante,
amorosa, endulzada, sonsacante.

Mira, duende, son más hermosas que las trenzas
                              [de las muchachas
las desnudas hebras de la entraña;
son más calientes que el pecho de un perro herido.
Mira, duende, este fuego es más limpio
que las plumas de hielo del celaje.

Baja, que ven bajando,
por la nuca
por el cuello
por la vena que salta en la muñeca,
por la espina,
por el flanco
por el cristal que quiebra los talones.
Baja duende, ven bajando.
(Alguien tiene que callarse,
para que el duende baje.)

Me cortaron la lengua
y la echaron al agua,
y los peces me comieron
las brasas de los ojos.
Ya puedes bajar, mi duende;
ya estoy todo casi muerto
se ha abierto mi piel de arena
y estoy manando el aceite
ya puedes venir. Un frío
me está comiendo.
Ya... soy un seco pedazo de cecina
que tiembla, tiembla, tiembla, tiembla.
(Por la larga escalera de habichuelas
baja tu pie con medias.)

(Una bijirita verde
revolotea en el fuego.)

Noviembre 23, 1969

CUANDO LOS HOMBRES ACABEN DE BOTAR A DIOS,
lo recogerán los animales;
las palomas: esas siempre lo han tenido.
Las hojas de los árboles
estarán más que contentas
porque lo van a tener del todo,
jugando con las copas
como un niño que nada entre la espuma.
La tierra madre se echará a llorar
por sus largos y dulcísimos ríos,
porque será como aquel día
en que él le dio su calor másculo
y ella se sintió traspasada y fecundada,
y adivinó lo que podía ser la sangre.
Las estrellas con él, como torrentes,
se correrán por las llanuras del cielo.
Todo eso si acaban de botarlo;
(Ya lo tienen domesticado
y puesto en un corralito aparte.)
Pero quién sabe...
Hay una conspiración entre los niños y las flores,
entre los mendigos y los aguaceros,

entre los locos del crepúsculo y la luna
toda una raza inferior de pordioseros
está comprometida,
y se levantan los harapos y cantan.
Quién sabe si harán un pacto con las madreselvas,
y se lo llevarán
entre varillas de azucenas, al bosque
para coronarlo.

Noviembre 28, 1969

—«¿Cómo quieren los próximos?»
(37... 48... 69... ¡ya está anticuado! ...
Rápido; el material se atrasó.)
«Algo nuevo, algo distinto.
Algo de acuerdo con nuestros días»...
(849... 3284... computadoras
H353 ¡no! todo equivocado.
Cibernética, por favor!)
—«Os he dado tajadas vivas de mi carne,
el limonado zumo de mis ojos,
el último dolor
que penetró en mis huesos».—
—Oh! , qué obsoleto;
reminiscencias, imitaciones,—
en el mejor de los casos, influencias.
Veinte años de atrasos.
Hoy no se puede hacer algo así.—
(1,243,751 ... ¿51? ... tal vez 51.07 ...
y así sucesivamente.)
—«¿No os digo que os doy lo de siempre?
no lo de hoy ni, lo de antes;
lo de siempre:

81

la blancura violácea de la nieve
en el picacho negro de la montaña,
la tocata y danza
de los astros en el espacio...»
«Oh! no comprendes a nuestro tiempo
así, con preposición, porque lo tratan
como si fuera persona
o no quieres comprenderlo.»
(...8,431 equipos electrónicos, 2,246,215 millas...
retropropulsión. 5 velocidades.
Pffft ... crack ... crack
¡ratatata ta ta taa ...!)
—(como un quejido) « ¡ay! ...
(casi imperceptible) ...pajarito ...»

Noviembre 28, 1969

MUÉRETE PRONTO, HIJO MÍO, QUE AÚN ES TIEMPO.
Luego vendrán los sabios de este mundo
con sus pequeños ojos enlentados
y encharcarán la vida
de logaritmos y raíces cúbicas,
y no te dejarán ni una esquinita
para una muerte hermosa, apasionada,
limpia como el cáliz de un lirio.
Muérete mientras haya tiempo
para un salto de fuego al infinito.
Luego habrá tanta salud, según dicen,
que va a dar asco andar
con los ojos encendidos.
Habrá tantos edificios
(todos de acero, por supuesto),
y habrá tantos bombillos
que el sol será un pequeño y miserable objeto
rudimentario y primitivo.
(La luna es una píldora en una probeta).
La yerba será entonces
una pobre yerba avergonzada
en medio de los triunfos humanos.

Y ya habrán enseñado a los oídos
que no hay nadie para recoger los gritos;
(sólo creches, asilos y hospitales,
pero todos clínicamente pulcros.)
entonces no podrás morirte.
No habrán dejado ni un simple cáncer.
Te aplicarán una sicoterapia
para cada tristeza tuya.
No tendrás ni siquiera tu tristeza.
Y yo te quiero tanto, muchachito;
te quiero tanto y por todas las cosas
(las visibles y las inefables)
que no puedo soportar el dolor de este presagio.
Estoy besando tus ojos y tus oídos
y tu corazoncito rojo y palpitante
(el tuyo hijo, el que yo quiero);
y estoy enjugando tu recuerdo con mis lágrimas.
Vamos a morirnos pronto,
ahora que aún es posible,
para que el jazminero vaporoso
suelte sus jazmincitos perfumados
sobre nuestras sombras viajeras.

Noviembre 28, 1969

No te dejes engañar por la apariencia.
Verdaderamente todos están muertos.
Vagan entre escenografías de cartón
ya no hacen su historia:
representan el argumento de un cuento.
Ya no hacen sus casas:
habitan los cubículos dispuestos.
Ya no dicen sus cantos:
ponen discos en los gramófonos.
Ya no escriben sus versos:
dicen que cualquier prosa da lo mismo.
Ya no tienen siquiera un odio fuerte:
sólo se gozan en clasificarse.
Mira. Una casa no es simplemente una casa;
en verdad es una nueva piel del hombre.
Y una palabra no es simplemente una palabra;
es el trino del pájaro del universo.
Pero caminan...
—No. Tan sólo conducen sus carnes,
las gemebundas carnes
marchitas de frotarse,
con todas sus piezas sustituibles.

—¿Ni siquiera el gran payaso?...
—Ni siquiera...
Se perdió en un bosque de espejos;
enmudeció en el laberinto del eco.
—¿Y entonces...?
—No sé. Todo tiene en el fondo
ese color morado...
tal vez volver a empezar.

Noviembre 29, 1969

Oyeme, montaña.
Te clavo mi grito,
mis uñas más ansiosas que el hambre de una fiera
éntrame por las venas
como un cocodrilo caliente
dame de tu entraña.
Abreme tus músculos profundos
y díme de tu embrión oculto.
Haz que huela el agror de sus hongos.
Yo lo siento mordiéndome los nervios
como la hormiga brava,
comiéndome el resuello
como un cachorro de puma.
Pícame para ser ya
como fruta reventada,
como tamarindo despierto.
Mira que me canso
de contemplarte distante,
y tengo espasmo y crispadura
y urgencia de ser ya tu ritmo y canto,
de parecerme al hombre
que tiene oídos de copa
y está esperando el estertor que se lo lleve.

Noviembre 30, 1969

HALLAZGO

Una larga distancia entre luceros
y un ruiseñor que viene en el oleaje.
Un carbunclo de estrella
frotado de salitre.
Sobre el piso vibrado de tambores
un oscilante junco.
Como la danza o la pantomima,
una figura inapresable
sin causas de pasado,
sin más futuro que el sueño,
con todo el miedo presente
de una posible piel envenenada.
Luego, tapas cerradas de mi cráneo;
los posibles infiernos
y los posibles cielos.
Viento de la mar olor a yodo
érase un cuento escrito
sobre el temblor discreto de las algas.

Noviembre 30, 1969

Cuando lo pusieron en el cuarto estrecho,
se cerró la última puerta.
Cientos de puertas se habían cerrado antes:
La puerta de la luz
en los ojos de las golondrinas,
la puerta del agua
en la maicera piel de la playa,
la puerta del canto
en los alambres del tendido,
la puerta de la flor
en las agujas de las perforadoras.
Hasta la puerta del silencio
fue echada brutalmente
en las narices por los magnavoces.
Cuando lo pusieron en el cuarto estrecho,
cayó las últimas bisagras,
miró las últimas penumbras,
sintió las piernas dormidas,
(pero ya no había nada por qué caminar;
verdaderamente, había llegado.)
Habló solo.
Alguien oyó.
Luego, de un fogonazo, le abrieron el tragaluz.

Diciembre, 1969

¿CÓMO FUE QUE MI SOLEDAD DE TIGRE
se encontró con tu soledad de ardilla,
que mi soledad de nutria helada
se empató con tu soledad de duende?
¿Cómo fue que tu frecuente muerte
se hermanó con mi muerte diaria irrealizada?
Cuando nos sumergimos como dos piedras
hacia la luz de la noche,
y cuando las veletas locas
giraban vertiginosamente
produciendo no sé qué música celeste,
y clavábamos postes
importados del cielo
para marcar la espera despiadada del mundo,
y se andaba
pisando el suelo apenas,
necesitando las eternas rosas.

Diciembre, 1969

Donde estoy no hay luz
y está enrejado.
Inmediatamente después
hay un espacio iluminado.
Por lo tanto debe existir la luz.
Sin embargo,
más allá, hay una sombra más densa aún.
Ya no hay ahorcados:
todos están ardiendo;
¿Estarían hechos de kerosene por dentro?
Y siguen conversando,
moviéndose de aquí para allá,
de allá para acá,
interminablemente.
Algunos duermen.
Alguien está afuera.
En algún lugar hay sol.
Inevitablemente existe el sol.
Yo ya no puedo salir:
iré a dormirme.
Inevitablemente volveré a despertarme.
Y así sucesivamente.
La kerosene inagotablemente está quemando.

Diciembre, 1969

91

CASA VACIA

Era una fea casa vacía.
El aire entró por las hendijas
como un trasgo.
Se fue poblando de telarañas inmensas,
y la carcoma hizo nido en sus aleros,
—¿No hay Dios en esta casa?
—Ni siquiera un Dios pequeño, inofensivo.
Daba vergüenza al sol,
y en la noche, sus ojos abiertos
eran desorbitadas aspas de molino
liberando tábanos
de diminutas cabezas de hetairas.
—¿No hay Dios en esta casa?—.
Las ratas salían de sus huecos
con los rabos chamuscados.
Todos los días últimos
crepitaba un mancaperros.
—No, no hay siquiera un diosecillo descalzo,
ni una hiedra florida;
algún que otro ectoplasma
flotando hacia el ocaso...

Diciembre, 1969

DESCENDIT

Primero era una escalera amplia
de pulidos peldaños de mármol.
La balaustrada rutilaba
de polvillo de oro.
Después se fue estrechando
y era más empinada, más empinada.
Era un espiral oscuro
maloliente y amargo
con succión desde abajo.

Primero bajar lento, majestuoso,
como si subiendo.
Luego más rápido
precipitado
tropezando
cayendo.
El techo se iba haciendo más bajo
las cabezas de serpientes penduleaban
sacando sus lengüitas.

Bajando.
Y el rumor del abismo allá abajo

bajando en el caracol.
Bajando dentro de la cabeza,
sin acabar de caer nunca
en el «plunk» del agua.

Diciembre, 1969

RETROVERSION

Seamos razonables:
esto tuvo que comenzar alguna vez.
Se iba subiendo arduamente
por un escarpado de cartón,
con deliciosas flores artificiales
creciendo olorosas de las grietas.
Que yo sepa, no hubo lluvia,
pero los pies resbalaban,
y todos los carros rodaron hacia atrás.
Los conductores agitaban las ciencias inútiles;
retrocedían vertiginosamente por el desriscadero.
Entonces fue que empezaron a girar los astros.
Se hinchaban como grandes tumores del cielo,
y, todo higiénico y enguantado,
un doctor empezó a operarlos.
Era un perfumado bisturí de platino.
A veces, en el tumulto, se oía un grito.
Lo demás eran hermosas volutas
de humo de marihuana.

Diciembre, 1969

No TENGO NADA DE QUÉ PROTESTAR,
porque hay tanto de hermoso y profundo
—Epifanía, clavija, sajadura,
ignición, flúido
pueblo del alma
ya para acibararse
ya para arderse en las azúcares—,
que las pequeñas armaduras cibernéticas
o las máquinas apaleadoras
son como raros relojes extranjeros.
¡Si hay tanto que sentir y que decir...
(hasta una asfixia
o un deseo de suicidarse).
Me estorban tantos trajes tiesos,
ruidos tiesos, botas tiesas.
Pero me estorban para las azucenas,
para los cirios olorosos,
para las cofias de oro
y los líquidos rosarios de las fuentes.
No pretendo. (Tampoco me dejarían.
Bastante hacen con dejarme vivir entre sus cosas
sus hornillas, sus libros, sus palabras.—

Pobre gente condenada
al peso horrible de soportarme.)

Diciembre, 1969

Yo TE CANTARÉ
en el riñón de la piedra
o en la cresta que esmalta la nieve,
con la voz filtrada
del impuro estertor de mi arcilla.
Toma tú mis ojos.
Púnzalos de luz,
de tan sólo tu luz perfumada.
Déjame ser riel
a la húmeda flor de tu mano.

Diciembre, 1969

No hay más que un bombillo apagado;
el otro encendido está más allá.
        ...Más allá...
Volvió a sonar esa campana.—
Nadie viene. Nosotros no vamos.
        ...Ninguno va...
Todos los días se despierta un pájaro.
Alguien dispara su fusil y lo mata.
...Al de hoy lo mataron ya.
¿Yo? Canto de miedo en la sombra.
Si algo se partiera de repente...
....
Su ... jé ... ta ... me.

Diciembre, 1969

Hoy me asgo de ti
con la conciencia dura del espectro,
con la noción de mis cien mil fracasos.
Porque no tengo donde meterme en el mundo,
me meto en tu recuerdo iluminado.
Porque me cuelgan inútiles las palabras del labio,
me aferro a tu nombre
que no pronuncio.
Porque hasta el último vidrio fue empañado
me atengo a tu remota transparencia.
Por lo que me resta de alma desguazada,
(Que nada más eso soy bajo la costra
de seco estiércol y cartón mojado),
me clavo sobre el junco de tu vida
para vivir nutriéndome del sueño.
Sé que no he derecho,
que es todo una querencia sin brazos,
sin pecho, sin cintura, sin perniles,
pie sin tierra, lecho de olas.
Sé que no debí revelarte nunca;
guárdate dentro de mí como un cervato
que saltara en mi bosque musical y oculto

para rumiar tu nombre en mis silencios
y para ir enloqueciendo solo
en la medida en que me huía del mundo.
Fui tonto. Fui frágil.
Y así como he mostrado el corazón sangrable
a cualquier ojo y a cualquier colmillo,
así te dije entre los abandonados,
para llevarte del brazo de mis quereres
y figurarte concreto
como un tibio leopardo de oro y onix.

FRANK

Ya no puedo retraerte.
Yo te hice voz, y frase y línea y sombra.
Te hice historia, misterio, viento vivo:
y sólo servirá para que el mundo sepa
cuán zonzo fue tu padre.
Pero, hijo, es que te necesito;
te necesito hijo:
para que el sabor amargo de los cundiamores
tenga una esencia salvífica,
para no volverme loco.
En medio de tanta locura mía,
para morder una dulce magnolia alicorada
en el delirio absurdo de mi existencia.
Por esencia es que vivo, y de la esencia
tengo que nutrir mi descarnada boca.
A hurtadillas yo tras las paredes,
disimulado entre las sombras,
nunca siquiera completado;
déjame mirarte dentro de mí,
déjame acuchillarme el pecho con tus amores.
Y en esta mezcla de torpeza y culpa
en la que enajenadamente moro

sé tú por lo poco bueno de mi vida
y por todo lo bueno posible
en la vida del hombre,—
(Dios oiga este fundar a clamorazos)—
sé tu mi hijo.

Diciembre 3, 1969

MATAZON

—¿Qué es este musgo amoratado sobre la tierra?
¿Y esos tablazos en el cuarto del fondo?
¿Y este espasmo de acero en el estómago?
¿Y estos dedos de hielo por las costillas
reclamando misericordias
con una voz deforme de quejidos?
¿Qué es este frío que me entra por los brazos
y me coge los hombros
y se enrosca como un jubo en el cuello?
¿Qué es esta mandarria
tundiéndome las sienes,
y ese reguero de bocas abiertas,
y de dientes rotos,
y de agujeros olientes a pólvora,
y de dalias masticadas,
y esos mochuelos temblequeantes
colgando desde sus propias muertes
con la imposibilidad de cerrar los ojos?
¿Y esos ojos abiertos, siempre abiertos,
ya para siempre, abiertos siempre,
ensartados en la punta de los cuchillos,
flotando como monstruos gelatinosos

en el líquido de la ciénaga?
¿Qué son estas largas agujas de acero
atravesadas en un seso?
—Eso es un hombre muerto por otro hombre.
Eso es Hombre,
después que se han llevado al estiércol
lo que queda de un hombre.

Diciembre, 1969

AL CUELLO ME ESTÁ LLEGANDO LA SANGRE.
Es una sangre negra y agria.
Estoy atado con la cuerda de sangre.
Estoy hablando con una voz
hecha de burbujas de sangre.
Me están oyendo desde cinco orejas de sangre.
Viajo en un carro sanguinolento.
Me desintegro en lombrices de sangre.
Las lombrices crecen y se multiplican;
(es el destino de la sangre).
Van invadiéndolo todo.
Van sonando como matracas de barro:
… Abel … Abel … Abel …
Hay cien cráneos servidos de sangre,
en una mesa pelada.
Estoy hablando sin saberlo con el autor de la sangre,
con el dador de la sangre,
con el restaurador de la sangre.
La sangre llega hasta las narices.
El mundo entero se sumerge en un vómito de sangre.
… Abel … Abel … Abel …

Diciembre 5, 1969

LAZARO

Los perros iban buscando la humedad de las llagas.
Lamían el humor salobre,
y los ojos se le transparentaban negramente.
De noche se le encogían en el costado,
y se pasaban el último calor de sus flaquencias.
Con las manos sarmentosas cogía las sombras,
y las partía con los perros.
Ambos se saboreaban.
En las noches de luna llena
aullaban los perros...
y él gemía largo con la boca abierta
y el cuello tenso y estirado.
El yute, aún húmedo de azúcar prieta,
se le pegaba con el sudor y las llagas.
Sólo el aire helado seguía penetrándolo.
Lo encontraron besando las violetas.
Los perros muertos, atropellados en la calzada.
El saco olía agrio.
Un palo no muy recto
—báculo que bastón y muleta—
extrañamente señalaba...
Sus hijos iban cantando atropelladamente

con extraños tabacos
y, aguardiente.
Tenía un nombre tan dulce
que las hojitas lo repetían en cuaresma.
Era tan hermoso, tan hermoso,
que los hombres y las mujeres
se le arrastraban sobre la tierra,
mientras los querubines
inflamaban globos de incienso.
—Pero no existió.
—¿Y cómo fue que el otro le dio nombre?
—Pero insisten en que no existe.
—¿Y cómo fue que entró en la casa,
escoltado de zunzunes,
con todos sus perros,
antes que la misma casa fuera abierta?

Diciembre 17, 1969

IN(V)IERNO

Por las piernas
como culebras blancas
va trepando.
Se finge muerto
hecho una hojuela de escarcha
en la poca verdura.
El músculo acorralado tiembla
mientras de vino sonoro vibran las orejas.
No lo quiero, no lo quiero;
y lo pido para yacer sin paz,
como empequeñeciéndome.
Lejos de todo;
sin ganas de acercarme;
con una pena de bruma en el vientre,
inerte y sin reposo,
sin ya buscar y sumergiéndome
en la total deficiencia.
Va faltándome todo
a medida que me invaden,
lentamente, los gusanos del hielo.

Enero, 1970

Es ALGO ASÍ COMO UN ENREDO DE ALAMBRES,
órbitas y espirales enmarañadas,
unos barbados, otros con trozos de fleje,
piezas rotas de acero oxidado,
retorcimientos de cobre...
Tomo un alambre, y halo;
pero se enreda más y más en vez de zafarse.
Lo peor son los tres pájaros atrapados adentro.
Se han desgarrado.
Uno sigue forcejeando desesperadamente.
Otro pía y pía que da grima.
El último ya no se mueve:
Mira con su ojo agonizante y respira.
Un gramófono repite: «si yo fuera...» «si yo fuera...»
Lo otro es un ruido indescifrable.
Es inútil partirlo.
Sólo se logra una punta más
que se clava como un estilete
en algún lugar que ya no es carne.

Enero 19, 1970

—¿LLUEVE? —NO SÉ… SUENA COMO SÍ…
Voy por la calle ya sin prisa.
Las ciudades pasan a través de mí,
mientras las músicas de feria
caracolean en los oídos y en el rostro;
me desbastan como una garlopa.
Un chorrito de agua fría
se desliza desde la nuca hasta la cintura.
Hay una vieja grieta sin remedio
sobre la que gimen los sapitos.
Un musgo terso baja de las pestañas.
El bocinazo de un auto intenta despertarme;
(alcohol desvanecido que se aleja,
alcohol desesperado al que se va).
Se han cerrado los postigos.
Dentro de las funerarias la madrugada hiere
la incertidumbre en luz de las capillas.
Las casas de los pobres
se embrujan de cansancio inútil.
Los pies enchumbados
se duermen en los zapatos rotos.
De la boca entreabierta se descuelga el agua

como del brocal de una fuente rota.
Una vez lo vi, todo mojado bajo la lluvia,
el traje blanco y los cabellos empapados,
en la calle inclinada, (yo iba bajando).
Esta noche tengo ganas de encontrarlo.

Enero 24, 1970

EL TAMBOR DEL CIRCO POBRE
bate miserablemente.
Un viejo león añora
su dulce bosque tan ausente.
La trapecista escuálida
repite una vez más el salto mortal.
Tengo frío. Toso. Encojo el pecho;
no obstante, sigo temblando por dentro.
Las viejas sillas de tijera
están vacías.
(Hay rumores de que la rumbera Flora
está herida de muerte por el cáncer.)
Los perros dolorosamente amaestrados
salen a la pista por ganarse un hueso.
Sólo un niño huérfano, que entró colado
por debajo de la carpa,
sigue la fiesta con sus grandes ojos
negros, brillantes, desorbitados.
Y es tan dulce, tan tierno su rostro tibio...
Y un pobre viejo, cirquero antiguo,
con las manos blancas de papeles
y la mejilla pura humedecida.

Enero 24, 1970

TRES TIROS DE GRACIA

La primera paloma negra
quiso arrancarlo y no pudo;
la raíz de los besos se resistía.
La segunda paloma negra
tampoco pudo picarlo;
un último pozo de llanto
pristinamente se resistía.
Fue la tercera paloma negra
la que hundió el pico en la arteria
sacándole la pulpa roja.
Se arqueó en la última resistencia
mientras la última palabra vibraba
tocando en los brazos imbéciles.
Las tres palomas del diablo
se quedaron muertas de hartazgo.
Y Cristo lloraba desamparado.

Enero 26, 1970

DOS MUERTES

Desde antes, cuando entre las palmas,
eran dos muertes las que me acechaban
una, la muerte limpia
de anhelado coral junto a la oreja,
de seda parda arrebatada al viento,
la imposible, negaba, inalcanzable,
bella como mi propio cuento,
para los corralitos de agua
en lágrimas sobre la yerba;
mientras mis ojos, lengua, hasta mis dedos
en delirantes formas de belleza mutilada
daban el ruido tosco de la locura inútil.
La otra, la muerte sucia,
la indebida, la repudiada por los ángeles,
como mosca maligna
urticando y vaciando,
infectando las húmedas mucosas
que pidieron hierros encendidos
para cauterizarse hasta los huesos,
endemoniadamente lógica,
apenas si encubierta con un trapo raído.
Cortinilla de lupanar barato
donde una virgen carminada de sífilis
oficia su acongojada muerte entre jadeos

y los decrépitos babeados
entre dos muertes descuartizado,
célibe para ambos desposorios;
con alargadas garzas intentando
incomprensibles vuelos,
y el esternón abierto
para un ir y venir de lumbre a lumbre
cuerda de lumbre hasta la misma lumbre.

Febrero 26, 1970

DÉJAME AL MENOS RECORTAR MI SOMBRA EN EL PISO,
echado a gatas con la cara húmeda,
mojar de besos la grisura del polvo
y desprender estrellas sudorosas
como un jugo ácido de tallos maduros.
¡Ay de los miserables de la tierra
que andan paupérrimos inventado hijos
y encarnadas clavellinas de historias amorosas,
frutos todos de un vientre enjalbegado,
puros diseños de ceniza con el dedo!
¡Ay de los animales extraños
medio vientre de iguana, rabo agudo,
y espumosas alas de palomas,
con los sanguinolentos ojos perforados
de alfileres de bronce, borboteantes
de inderramable lágrima de asfalto! —.
Si no hubiera llegado nunca a este sitio,
si no hubiera marchado como hombre de paja
contorsionado de viento y de tañidos ...
—Hombre de paja, aventador de cuervos,
decidor de sonidos que no hallaron garganta,
aterido en la lluvia y burlado en el estío.

117

Mueca arrimada entre los hombres.
Antes quizá, y en otra vez, si vienes
anda a buscar el fuego, hombre de paja.
Sólo cuando ardas se asombrarán los niños
y podrá huir tu corazón de fuego.

Febrero 27, 1970

PASA TUS LARGOS SABLES AFILADOS
al través de los musgos
cortando el agua pútrida,
la gelatina espolvoreada de metales.
Tú me ves desde los ojos de los gorriones,
desde los grises ojos mustios de la piedra,
los fijos, los imparpadeantes
ojos extendidos
en los rosáceos crepúsculos córneos.
No me encubro.
Por entre lianas pasas
ágil como la zarpa del puma,
descubriendo las desgraciadas heces rojizas
de mis carnosidades,
sintiendo la miasma de tu obra bienamada.
Y yo quiero, impúdico, aceptado,
desvergonzadamente yaciendo
sobre lechos malditos, —perro enfermo—
fétida entraña bajo piel intacta.

Marzo 5, 1970

DULCE PEZ

Madre,
tengo el último grito
ahorcado de un puntal de hierro
(tras la ventana
como gallinas muertas,
como gallinas prietas muertas;
y unas extrañas lunas invertidas
hijas del cromo y del azufre...)
Tengo un tigrillo agazapado en la nuca
royendo médula,
royendo médula...
y unos barcos de niebla transparentes
llevando un dulce pez acribillado
que mira con sus ojos dolorosos
—carne entregada,
tibio hilillo de sangre desprendido—,
un dulce pez enclavijado
por todas mis espinas.
Madre del dulce pez,
las grietas invadidas
silban en tus oídos,
y la hiel destilada

de bajel en bajel ya te penetra.
Madre,
de ceniza y arena y de pavesa,
y de cardo molido y estrujado,
de trituradas piedras
y de viento que escupe
entre arremolinadas rebeldías
vengo hecho.
El dulce pez es todo lo que miran
mis ojos vertiginosos
girando desorbitadamente,
el dulce pez de los ojos fijos
y de la boca abierta sedienta.

Marzo, 1970

RATA

Venía desde el estiércol
trepando por un chorro de orine;
su cara tersa y mojada
sus ojos aterradamente viles.
Vino del caño de la letrina,
corría endiabladamente de las muertes
que habitaban el palo y las entrañas.
Una salpicadura miserable
me ofendía las piernas.
Luego, un susto me contrajo la carne.
Saltó y huyó, la cola larga y calva,
el bigote asqueroso,
mucilaginoso.
Yo no quise matarla porque estaba viva,
y era mi hermana,
la que más se me parece,
mi hermana la rata,
que se perdió de un brinco
en el vientre abierto de la cloaca.

Marzo, 1970

Un instante en el aire
sobre la pared untada de penurias
rostro en bellotas rojas coronado
bajo la luna de las entregas...
Cuando a estas horas las picas de mi causa
como langostas negras te rodeaban...
¡Capturado! ¡capturado!
(las pinzas se cerraban en tu carne)
y yo en el río.
Me revolcaba en las arenas mustias
sin atender los gritos de los tábanos
cuando te aguijoneaban.
Y el gallo cantó tres y muchas veces.
Y las lechuzas silvestres se quemaban
a los chispazos de abejorros nocturnos.
Y tus hondas lámparas vibraban
buscándome en el pueblo
y se posaban sobre el lomo ardiente,
con su luz profundamente dolida,
con su luz abandonadamente dolida.

Jueves Santo, 1970

Si te dijera que te quiero
sería como decir «la cal de las paredes»
o «el humo de los alientos diluidos».
Te necesito; aunque no te vea
entre tantos limones estallantes
que giran sin tregua en aros ácidos.
Te necesitan la contradicción de mis tuétanos,
las almejas sedientas tras mi rostro,
mi tiempo aniquilado por las sombras.
No sé cómo. Se me ocurre
como leño a la savia
y a un tiempo a su propia madera,
y a la vocación de su vida,
y al mismo fuego que lo muerda y remuerda.
Necesitar, —más que todas las cosas decibles,
desde la ensortijada nervadura del callarse,
desde el infierno en el corazón del uranio,
desde la ardentía de la llaga
y la dureza del diente que tritura
la blancura mansa y cordera del pan,
desde los sesos y los bronquios
sucios de hollín lloviendo enjundia

124

mientras tus uvas, púrpuras se exprimen.
Sé que estoy doliéndote,
doliéndote hasta el último destino del clavo.
Pero, recógeme,
júntame con tus cosas necesarias.

Jueves Santo, 1970

BIBLIOTECA CUBANA CONTEMPORANEA

OTROS TITULOS EN ESTA COLECCION: